AF311947

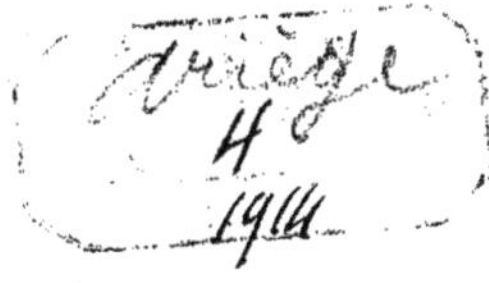

L'Abbé Louis **BLAZY**

La première tournée pastorale après la Révolution

L'Archevêque Primat dans l'Ariège

EN 1807

(25 Mai — 25 Juillet)

FOIX

TYPOGRAPHIE POMIÈS, FRA et Cⁱᵉ, Successeurs.

—

1914

L'Abbé Louis BLAZY

La première tournée pastorale après la Révolution

L'Archevêque Primat dans l'Ariège

EN 1807

(25 Mai — 25 Juillet)

FOIX

TYPOGRAPHIE POMIÈS, FRA ET Cⁱᵉ, SUCCESSEURS.

1914

L'ARCHEVÊQUE PRIMAT DANS L'ARIÈGE EN 1807

(25 Mai — 25 Juillet)

On sait que le Concordat de 1801, en réorganisant les diocèses de France, avait attribué à celui de Toulouse les deux départements de la Haute-Garonne et de l'Ariège. Le Concordat de 1817 établissait un siège à Pamiers, mais il ne reçut pas d'exécution. Il fallut attendre la bulle *Paternæ Caritatis*, du mois de juillet 1822, pour voir le diocèse de Toulouse effectivement partagé et le diocèse de Pamiers définitivement constitué. Ce dernier comprenait la presque totalité des anciens diocèses de Couserans et de Pamiers, des portions importantes de ceux de Mirepoix et de Rieux, et un petit coin de celui d'Alet, le doyenné actuel de Quérigut. Louis-Charles-François de Latour-Landorte en prit possession, le 1er septembre 1823.

Dans les premières années du xixe siècle, l'Ariège était donc administrée au spirituel par les archevêques de Toulouse. Au premier échut une tâche particulièrement lourde : tout était à restaurer. Primat s'employa d'abord à réorganiser le culte public, qui recommença, pour l'ensemble du diocèse, dans le courant de l'année 1805 (1). Il se mit ensuite à parcourir les paroisses depuis trop longtemps négligées (2). On devine les difficultés de l'entreprise. Les pouvoirs de Primat s'étendaient sur la majeure partie du territoire qui avait dépendu de son Eglise avant les divers démembrements opérés par Jean XXII. D'autre part, dans ce vaste territoire, les centres seuls étaient reliés par des routes, et encore celles-ci étaient-elles mal entretenues là où il en existait. Etendue de la circonscription ecclésiastique, topographie des lieux, temps en quelque sorte limité dont pouvait disposer le pasteur d'un si nombreux troupeau, tout concourt à justifier l'itinéraire adopté et suivi : l'archevêque ne pouvait évidemment visiter que les paroisses-cures ou doyennés.

C'est dans l'été de 1807 que Primat (3) parcourut l'Ariège, accompagné de l'un de ses vicaires généraux, de Cambon (4), et de son secrétaire Prépaud (5). Partout, d'après le *Journal de la Haute-Garonne* (6), il reçut les plus grandes marques d'affection, et toutes les autorités militaires, civiles et judiciaires s'empressèrent de lui rendre les honneurs dûs à sa qualité d'archevêque et à celle de sénateur. Les villes de Foix, de Pamiers et de Saint-Girons se distinguèrent principalement dans l'accueil que lui réservèrent ses diocésains. Les gardes nationales et la gendarmerie du département l'accompagnèrent constamment dans ses visites. Mais nous

---

(1) *L'Episcopat français depuis le Concordat jusqu'à la Séparation (1802-1905).* Paris, *librairie des Saints-Pères*, 1907. Diocèse de Toulouse, p. 620.

(2) D'après la *Relation*, la contrée de Vicdessos eut à la fois « *le plaisir et l'étonnement* » de voir le premier pasteur ; elle n'avait pas été visitée depuis « *près de soixante-dix ans* ».

(3) Sur ce prélat « modeste, pieux et doux, mais dépourvu d'énergie et serviteur passif du pouvoir civil », on peut lire la récente biographie écrite par le D² J. Birot : *Claude-François-Marie Primat (1746-1816).* Lyon, *H. Lardanchet,* 1909. In-16 de 164 p.

(4) François-Marie-Joseph-Auguste de Cambon, neveu du dernier évêque de Mirepoix, mourut en 1823, « après avoir parcouru une carrière illustrée par près de soixante années de travaux apostoliques ».

(5) Sur Firmin-Antoine Prépaud, † en 1845, voir C. Tournier : *Une ordination à Toulouse en 1795. Jean-Denis Cailhive,* (Toulouse, *impr. Saint-Cyprien,* 1906), p. 31-32.

(6) N° 351, jeudi 30 juillet 1807.

avons mieux qu'un pâle compte rendu de gazette. Un ecclésiastique de sa suite, probablement le chanoine Prépaud, a
laissé de cette première tournée pastorale, qui dura deux
longs mois, une relation circonstanciée, sobre et suffisam-
ment soignée. Je la publie telle qu'un vieux « registre d'ordonnances » (1) nous l'a conservée, me contentant de rétablir
simplement l'orthographe moderne et de l'éclairer de quelques brèves notes (2).

Plus ample préambule nous paraît inutile. Souligner
d'avance l'enthousiasme populaire, le nombre considérable
des confirmés (3), le soin apporté par le prélat à effacer les
traces des anciennes divisions religieuses, les descriptions
parfois pittoresques ou naïves du chroniqueur, nous paraît
superflu. De toutes ces remarques le lecteur préfèrera
recueillir la surprise au courant de sa lecture : le document,
l'inédit, la parole même des ancêtres offre toujours à notre
curiosité plus de piquant, plus d'attrait que les avant-propos
les mieux étudiés.

---

(1) Registre d'ordonnances de Mgr Primat, n° 42, p. 140-164 (*Archives de l'Arche-
véché de Toulouse*). — Obligeante communication de M. l'abbé Clément Tournier,
curé-doyen de Cazères-sur-Garonne.

(2) Dans ces notes, d'après un « *état des paroisses* » inséré à la suite de la
Relation, on trouvera en particulier le nom des paroisses qui se présentèrent pour
la confirmation, avec, en regard, celui des prêtres qui les desservaient à cette
date.

(3) Le chiffre dépassa 40,000, exactement 40,391.

Relation de la visite faite par Mgr l'Archevêque de Toulouse

dans le département de l'Ariège, en date du 25 mai 1807.

Mgr l'Archevêque, en partant de Toulouse le 25 mai, à 4 heures de l'après-midi, fut reçu dans la commune de *Miremont* le même soir. La municipalité, ayant M. le Maire à la tête, lui fit le meilleur accueil avant d'être reçu par le clergé. MM. les habitants de cette commune attendirent le prélat sur le grand chemin où il fut complimenté par par M. Ginesty. M. Passenaud, curé de cette paroisse (1), le complimenta aussi à la porte de l'église ; l'un et l'autre lui dirent les choses les plus gracieuses, s'appliquant surtout à relever l'éclat de ses vertus et le motif de son voyage apostolique.

Le lendemain 26, Mgr confirma dans cette commune environ 800 personnes, soit de la paroisse de Miremont, soit des succursales voisines (2). Il se rendit ensuite chez M. de Puymaurin, législateur (3), qui l'attendait à dîner, d'où il partit, le soir, pour aller à *Lézat,* cure de canton.

Là, il y fut reçu par M. le Maire et les habitants d'une manière très distinguée. M. le Maire lui-même se délogea pour laisser son appartement à Sa Grandeur et aux ecclésiastiques de sa suite. Après avoir

----

(1) C'était un prêtre plein de zèle et de savoir. Avec l'agrément de ses supérieurs il créa dans sa paroisse un petit établissement pour l'instruction des jeunes ecclésiastiques : douze élèves, dont six portant déjà la soutane, fréquentaient l'institution en 1807. Le *journal de la Haute-Garonne* qui nous a révélé ce détail nous apprend encore que le professeur bénévole était doublé d'un prédicateur distingué. Le 2 décembre 1810, jour anniversaire du couronnement de l'empereur, il prononça, à Saint-Etienne, le « discours d'usage », devant Primat et toutes les autorités contituées. Cf. cette *gazette*, numéros du 22 octobre 1807 et du 6 décembre 1810.

(2) Voir le compte rendu paru dans le *journal de la Haute-Garonne*, le 31 mai 1807. Il contient des extraits des discours du maire Ginesty et du curé Passenaud. Le 26, y est-il dit, l'auguste cérémonie eut lieu « avec le plus grand ordre et la plus imposante décence, malgré l'affluence prodigieuse du peuple qui était accouru de toutes parts, et qui se portait à plus de *dix mille* âmes ». Passenaud, « toujours éloquent » émut par deux fois l'auditoire et lui arracha « des larmes de sensibilité ».

(3) Jean-Pierre-Casimir de Marcassus, baron de Puymaurin, député de la Haute-Garonne en 1805, réélu en 1811, mis en surveillance par Napoléon en 1814, rentra dans la vie privée pendant les Cent-Jours et fut réélu au mois d août 1815.

confirmé dans cette paroisse environ 1,100 personnes de toutes les succursales des environs (1), Mgr l'Archevêque se rendit au château de Roudeille (2), chez M. de Cazals, canton de Saverdun, département de l'Ariège.

Mgr l'Archevêque se rendit, le 30, à *Saverdun*. Avant, Sa Grandeur avait donné la confirmation à *Canté* à plus de 500 personnes (3). Elle confirma, dans cette ville (4), environ 1,100 personnes, puis se rendit à *Pamiers*, chef-lieu d'arrondissement et cure de premier ordre.

Cette ville, la plus considérable du département, qui n'a pas oublié ce qu'elle éprouvait lorsqu'elle avait le bonheur d'avoir dans son sein son premier pasteur, accueillit Mgr l'Archevêque avec tous les égards dus au [chef] du diocèse, et rendit à sa dignité de sénateur tous les honneurs qu'elle méritait. Dans cette circonstance, cette ville a plus suivi les impulsions de son cœur pour un prélat dont elle ressent tous les jours les effets de sa bonté paternelle que par ce qu'elle croyait devoir rendre à un membre du premier corps de l'Etat.

Mgr l'Archevêque, après avoir fait la procession solennelle du Saint-Sacrement dans cette ville, y confirma, en deux jours et dans les deux églises, à peu près 4,000 personnes (5). Sa Grandeur a terminé

---

(1) A Lézat, qui avait *Goffres* pour curè, furent convoquées les paroisses de Saint-Ybars *(Brunet)*, du Fossat *(Conferon)*, du Carla-le-Peuple *(Banquels-Marque)*, de Bajou *(Delhom)*, d'Artigat *(Aressy)*, de Villeneuve-Durfort *(de Serres ainé)*, de Pailhès *(Ville)*. Cf. le compte rendu paru dans le *journal de la Haute-Garonne* du 14 juin 1807.

(2) Sis sur la hauteur du coquet village de Canté, d'où l'on a un magnifique panorama sur l'immense chaîne des Pyrénées et sur la plaine de Toulouse. Il est aujourd'hui habité par la famille Broquière.

(3) Canté, qui était desservi par *Dax*, fut visité le 29. Paroisses convoquées : Lissac *(Tisseyre)*, Saint-Quirc *(Rives)*, Justiniac-Marliac *(de Serres cadet)*, Villeneuve-Durfort *(de Serres ainé)*.

4) Saverdun *(Puntous)*. Paroisses convoquées : le Vernet *(Bergégrand)*, Montaut *(Marre)*, Mazères *(Boudouresque)*, Vil'eneuve-Durfort *(de Serres ainé)*. — C'est évidemment par erreur que « l'état » des paroisses porte ici la Bastide-de-Besplas avec le nom de *de Serres cadet* comme titulaire — Pour des raisons de convenance, certains curés sérièrent les confirmands et les présentèrent par petits groupes à la station la plus rapprochée. C'est la seule raison plausible que l'on puisse donner de la répétition, dans la liste, d'une même paroisse. Ainsi, le curé de Villeneuve-Durfort présenta des confirmands à Lézat, à Canté et à Saverdun.

(5) Eglise cathédrale *(Verdier curé)* visitée le 1er juin. Paroisses convoquées : Madière *(Leuillet)*, la Bastide-de-Lordat *(Ortala)*, Saint-Victor *(Molle)*, Villeneuve-du Paréage *(Marassé)*, Bonnac *(Dantio)*. — Eglise N.-D. du Camp *(Compans)*, visitée le 2. Paroisses convoquées : Les Allemans *(Sans)*, Verniolle *(Descaich)*, Saint-Amadou *(Pons)*, les Pujols *(Grave)*, les Issarts *(Rouan)*, Arvigna *(Saurat)*, Bénagues *(Lateulère)*, Saint-Jean-du-Falga *(Bérard)*, Escosse *(Croux)*.

sa mission apostolique dans cette ville, après avoir béni une cloche (1) pour l'église succursale du Camp qui était présentée par une des personnes des plus distinguées de cette ville, en donnant la tonsure à onze jeunes clercs élevés par M. Noël, ancien carme et ancien professeur royal qui s'est aujourd'hui entièrement adonné à l'éducation des jeunes ecclésiastiques (2).

Au sortir de cette ancienne ville épiscopale, Mgr s'est rendu au château de Portes, commune de Manses, canton de Mirepoix, et le lendemain a été reçu à *Mirepoix* par toute la jeunesse, et M. le Curé de Mirepoix lui a adressé, à la porte de l'église, le compliment le plus affectueux.

Pendant trois jours consécutifs, Sa Grandeur s'est rendue dans cette ville ; Elle y a confirmé plus de 2,000 âmes (3). Pendant son séjour au château de Portes, sur la demande du jeune et estimable curé de cette paroisse et celle des anciens seigneurs qui y sont regardés comme les pères de ce peuple, Sa Grandeur a donné la confirmation à près de 5oo personnes dans l'église de *Manses* (4).

Cette marque de protection particulière que Mgr a donnée à ce bon peuple lui en a attiré toutes les bénédictions, il en est parti en laissant après lui les plus grands regrets.

Ce fut dans la route de Mirepoix à *Lavelanet*, où Mgr se rendait le 8 , que Sa Grandeur a éprouvé ce que peut ressentir un cœur sensible. A une lieue et demie de la ville, une jeunesse brillante, élégamment montée, habillée et équipée uniformément, vint au devant de Sa Grandeur lui offrir ses respects et leurs bons offices pendant

---

(1) Le chanoine Barbier (l'*Eglise et la paroisse de N.-D. du Camp à Pamiers*, p. 21-22), ne parle que de la *Antonin-Marie* bénite, le 4 avril 18o4, par l'ancien vicaire général Ville.

(2) Jean-Jacques-Noël Calvet, ex-professeur royal de théologie à l'Université de Toulouse et ci-devant provincial des Grands Carmes, devint directeur de l'*Ecole secondaire de Pamiers* le 13 mai 18o3 et le demeura jusqu'en 18o6 ; il mourut à Pamiers, le 19 juillet 1814, à l'âge de 74 ans.

(3) Le 4 juin, à Mirepoix (*Peyrigat, curé*), furent convoquées les paroisses de Mazerettes (*Deloum*), de la Bastide-de-Bouzignac (*Pons*), d'Aigues-Vives (*Gournac*), de Lagarde (*Gournac*), de Cazals-des-Bailés (*Deloum*, de Malegoude (*Salva* , de Roumengoux (*Bauzil*), de Saint-Quentin (*Tisseyre*), de Saint-Aulin (*Bousquet*). Le 5, se rendirent les paroisses de Vira (*Bailhade*), de Montbel (*Doutre*), de Camon (*Loze*), de Tourtrol (*Soulié*), de Léran (*Lévis*), de Limbrassac (*Roland*) et de Dun (*Fidency*).

(4) A Manses (*Maury*), Primat confirma, le 6, des personnes de Lapenne (*Cuxac*), de Vals (*Raynal*), de Saint-Félix-de-Tournegat (*Delpy*), de Teilhet (*Mauruc*) et de Rieucros (*Ville*).

le séjour qu'Elle se proposait de faire dans leur ville. Le présage que lui donnait déjà ce premier accueil annonçait d'avance les succès les plus heureux. Le clergé du canton, présidé par un ancien curé, le propre curé de la paroisse étant détenu dans son lit par ses infirmités (1), lui adressa. par l'organe de cet ecclésiastique, un discours aussi éloquent qu'affectueux, et M. le Maire et tous les habitants de cette ville se disputèrent à l'envi la gloire de procurer à Mgr toutes les commodités de la vie.

La garde nationale se distingua surtout par les bons offices qu'elle rendit, et la jeunesse chercha à amuser Sa Grandeur par différents concerts exécutés par des amateurs de la ville et ceux des villes voisines qui s'y rendirent.

Ce ne fut que le 11 du mois de juin que Mgr quitta la ville de Lavelanet (2) pour se rendre à *Tarascon,* où il était déjà attendu depuis quelque temps. Partout Mgr a laissé après lui des marques de sa bienfaisance, de sa charité et de son amour pour les pauvres ; partout Mgr a voulu visiter les établissements publics, a écouté avec sa bonté ordinaire toutes les réclamations qu'on lui a faites et a promis d'employer son crédit pour les faire parvenir jusqu'aux pieds du trône.

Après avoir passé trois jours à Tarascon, où les autorités constituées s'empressèrent de faire à Sa Grandeur l'accueil le plus favorable et lui dire, dans des harangues particulières, les choses les plus flatteuses où se dépeignirent au naturel les sentiments de leur cœur, il y confirma à peu près 5,000 âmes (3).

---

(1) D'après J.-F. Darnaud, le curé Jean-Pierre Fau, nommé le 24 mars aumônier de l'hospice de Mirepoix, avait quitté Lavelanet quelques jours avant l'arrivée de Primat, le *3 juin.* Cf. l'abbé Ed. Lafuste : *La paroisse de Lavelanet pendant la Révolution. Bull. hist. du dioc. de Pamiers, Couserans et Mirepoix,* t. II (1913), p. 48, note 2.)

(2) Il y confirma, le 9 et le 10, 1,824 personnes. Paroisses convoquées : Fougax (*Caussou*), l'Aiguillon (*Candèze*), Montségur (*Courrent*), Léran (*Lévis*), Bélesta (*Arcizet*), la Bastide-sur-l'Hers (*Bardon*), Vilhac (*Sadourny*), Laroque (*Boudouresque*), Limbrassac (*Roland*), Péreille (*Durana*), Roquefort (*Gabarrou*), Illat (*Papy*), le Sautel (*Dégeilh*), Nalzen (*Rhodes*), le Carla-de-Roquefort (*Viguier*), Ventenac (*Calvet*), Leychert (*Palmade*).

(3) A Tarascon (*Fontaine, curé*) furent convoquées, le 12 et le 13, les paroisses de Surba (*Galy*), de Rabat (*Martin*), de Mercus (*Chanson*), d'Arnave (*Lafont*), de Lapège (*Barbe*), de Genat (*Pailhès*), d'Ornolac (*Laforgue*), de Saurat (*Sans*), d'Aniplaing (*Rouzaud*), d'Arignac (*Sabatier*), de Gourbit (*Géraud*), de Niaux (*Lauriol*), de Junac (*Roussel*), de Bédeilhac (*Lacaze*), de Cazenave (*Auriac*). Le 14, Primat officia dans l'église Sainte-Quitterie (*Garrigou, curé*) et y confirma 266 personnes.

Mgr se rendit à *Vicdessos,* accompagné de la jeunesse de Tarascon. C'est dans cette vallée, la plus reculée de l'empire, au milieu des montagnes afférentes des Pyrénées, continuellement menacée par les rochers les plus escarpés et les plus élevés, pays en un mot qui semble être abandonné de la nature qui s'est plue à y réunir ses plus effrayantes horreurs, c'est là que se trouve un peuple conservant encore les mœurs des anciens patriarches, pratiquant la religion, étant soumis aux lois de l'empire, respectant les autorités et regardant ses chefs comme des anges tutélaires. C'est au milieu de ce bon peuple que Mgr l'Archevêque fut reçu avec des acclamations de joie bien expressives, témoignant, et par ses expressions et par ses gestes, le plaisir et l'étonnement de voir parmi eux leur premier pasteur dont il avait été privé pendant près de soixante et dix ans.

Accueilli par la municipalité de Vicdessos, chef-lieu de la vallée, et après avoir été faire sa prière à l'église selon son usage, Mgr fut conduit dans la maison du maire qui avait réuni chez lui tous les maires du canton. Là, tous revêtus des marques de l'autorité, ils exprimèrent à Mgr l'Archevêque, en leur langage, le plaisir que leur faisait sa visite, le bien qu'on en attendait ; ils lui offrirent de lui prodiguer tout ce qui pourrait contribuer à lui faire trouver le séjour de cette vallée aussi agréable qu'ils le pourraient.

M. le Maire de Vicdessos, homme âgé et très respectable, qui est regardé comme le *mentor* de toute la vallée et qui, par sa sagesse, ses bontés, sa piété et son amour pour les bonnes mœurs, s'est si justement attiré l'affection de tout ce bon peuple, exprima dans un discours aussi naïf qu'affectueux tout ce que son cœur put lui dicter ; il fut auprès de Sa Grandeur l'interprète des sentiments des habitants de la vallée et de ses collègues. Ce fut chez lui que Mgr et sa suite furent accueillis ; enfin, on crut voir revivre, pendant tout le court séjour qu'il y fit, le beau temps de l'âge d'or.

Mgr l'Archevêque, après avoir donné le sacrement de confirmation à plus de 2000 âmes (1), les habitants et les magistrats voulurent

---

(1) Primat séjourna trois jours à Vicdessos, du 15 au 17 juin. Le 15, furent convoquées les paroisses d'Auzat (*Beler*), de Saleix (*Bugard*), de Goulier et d'Olbier (*Marfaing*), de Sem (*Marrot*), de Suc et Sentenac (*Dandine*) ; le 16, les paroisses de Gestiès (*Rouzaud*), de Lercoul (*Alexis Rouzaud*), de Siguer (*Augé*), d'Orus (*Subra*) ; le 17, les paroisses d'Illier (*sans titulaire*) et de Vicdessos (*Lafont*).

encore lui donner le plaisir de la promenade et lui faire connaître ce qu'il y a de plus curieux dans le pays.

Il fut conduit à une minière de fer, la seule richesse du pays, accompagné des autorités, du juge de paix et des principaux habitants. Chacun s'empressa d'offrir à Mgr l'Archevêque et aux ecclésiastiques de sa suite, les chevaux nécessaires pour faire le trajet ; et après avoir gravi une montagne escarpée par un chemin taillé dans le roc et toujours tournant autour d'icelle, Mgr arriva au milieu d'un village où il s'aperçut n'être qu'en y étant réellement au milieu. C'est de ce village que sortent une espèce d'habitants qui quittent pendant le jour leurs habitations, vont dans les entrailles de la terre former un nouvel Etat ; ce sont des mineurs dont je veux parler, c'est-à-dire des gens qui se sont condamnés eux-mêmes, pour gagner leur vie, dans ce travail pénible que décline[nt] les malfaiteurs.

Arrivé au haut de cette montagne, plusieurs des mineurs déjà prévenus de l'arrivée de Mgr l'Archevêque s'empressèrent de venir au devant de lui l'aider à descendre de cheval, et après l'avoir fait reposer un moment. en lui offrant pour siège les hautes (1) dont ils se servent pour porter sur leurs épaules les productions de la mine, Sa Grandeur ravie de cette simplicité accepta leur offre avec bonté ; après s'être reposée un moment, elle s'avança vers la mine. Arrivé sur ce que ces bonnes gens appellent la *place*, et qui est comme le lieu de leur marché, par ce que c'est là qu'ils vendent le produit de leur travail, Mgr jouit d'un spectacle vraiment étonnant et attendrissant. Sa Grandeur vit sortir des entrailles de la terre près de 3oo personnes, de différents âges, chacun portant sur ses épaules des morceaux de mine, ayant chacun à leur bouche une lampe allumée qu'ils appellent *caleil* (2) en leur langage. Là, on vit des enfants de cinq à six ans porter aussi ce que leurs petites forces peuvent leur permettre, et tous avec la lampe à la bouche.

Mgr l'Archevêque aurait bien désiré pénétrer jusqu'au milieu de cette mine, mais le grand froid qu'il y faisait l'en empêcha ; Sa Grandeur se contenta d'aller jusqu'à la porte, après être déjà entrée par

---

(1) *Haute,* sorte de corbeille d'osier, avec ou sans anses, encore en usage dans nos pays de montagne.

(2) *Caleil,* vase ordinairement en fer où l'on mettait une mèche et de l'huile combustible pour éclairer.

une ouverture dont la seule vue n'est pas moins effrayante qu'imposante.

C'est là que Mgr s'est fait rendre compte de l'administration de l'exploitation d'une mine, qui fait la richesse de tout un pays, qui alimente plus de quatre-vingts forges de différents départements et qui, par son utilité, doit exciter l'attention bienfaisante du gouvernement. Ce peuple, comme nous l'avons remarqué plus haut, habitant des peuplades répandues ça et là dans le cœur des montagnes [et] réunies dans les entrailles de la terre, forme un nouvel Etat, un véritable empire. Les lois les plus sévères y sont strictement observées, soit pour le maintien du bon ordre entr'eux, soit pour la sûreté individuelle. Quatre jurats ou prud'hommes sont établis parmi eux. Tous les jours ces magistrats, dont l'autorité ne dépasse pas les antres ténébreux de la terre, font examiner le lieu où l'on extrait la mine, veillent à ce que chacun conserve son droit et que surtout les marchés ne se fassent qu'à leur rang.

La plus grande charité règne dans les souterrains, et à la moindre égratignure, tout travail cesse et chacun s'empresse de porter du secours à son camarade. Quelqu'un d'entr'eux est-il malade et ne peut-il travailler pour gagner sa vie, chacun retranche du gain de sa journée pour en faire part à son camarade détenu par maladie.

Malgré ce grand accord, il n'est pas rare qu'il ne s'élève quelquefois des discussions. Les jurats en sont-ils les premiers instruits, ils en font de suite leur rapport au juge de paix du canton qui a une attribution particulière pour connaître de ces délits. (C'est par un arrêté de M. le Préfet qu'un pareil pouvoir a été établi, il tend beaucoup au bon ordre et n'est contraire au bien de tous.)

C'est après ces différentes explications que les jurats donnent le signal accoutumé pour faire cesser le travail. Mgr l'Archevêque eut la satisfaction de voir plus de 400 hommes (car les femmes ne sont pas admises dans la minière) tous sortir de cet antre et se prosterner à ses pieds pour lui demander sa bénédiction, après laquelle ces braves gens firent retentir les airs de *Vive Mgr l'Archevêque!* qui, de son côté, leur promit de rendre compte à Sa Majesté impériale de ce dont il venait d'être le témoin.

Ce fut ainsi, au milieu des cris d'allégresse, des transports de joie, que Mgr et sa suite furent accompagnés jusques au bourg de

Vicdessos, après avoir traversé les chemins les plus escarpés et les plus tortueux à pied et pendant la nuit, toujours sur des rochers, près des torrents ou sur des pierres mouvantes.

Après avoir achevé de donner la canfirmation dans cette vallée, Mgr l'Archevêque se rendit au château de *Gudanes*, canton des Cabannes, où on lui présenta plus de 2000 personnes à confirmer, toutes dépendantes de ce canton (1).

Le château de Gudanes est l'un des plus beaux de tous ceux de la province ; il est dans le cœur des Pyrénées, autour duquel il faut tourner longtemps avant qu'on puisse l'apercevoir. Placé sur une éminence, il offre le plus bel aspect, et sa situation ainsi que le grand état de maison que tenait un des anciens propriétaires avait fait donner à l'ancien seigneur, par le roi lui-même, la qualification de *roi des Pyrénées* (2). Ce fut de la terrasse de ce château que Mgr l'Archevêque eut l'agréable spectacle de voir toutes les montagnes éclairées par des feux de joie que les habitants de tous les villages avaient allumés pour lui témoigner toute leur satisfaction.

Mgr quitta le château de Gudanes, le 20 juin, pour se rendre à *Ax* où il s'était fait annoncer pour ce jour.

Ax est une ville assez considérable, d'environ deux à trois mille âmes de population, chef-lieu de canton, dans le cœur des Pyrénées, entourée de rochers et de rivières et la dernière ville de l'empire français du côté de l'Espagne.

Cette ville est principalement connue par l'abondance de ses eaux minérales qui sont extrêmement chaudes, au point que les étrangers qui viennent dans cette ville ont toutes les peines du monde à supporter l'odeur du souffre qu'exhalent ces eaux.

Les étrangers trouvent dans cette ville toutes les commodités de la

---

(1) A la chapelle du château furent convoquées les paroisses des Cabannes — *Déguilhem, curé,* — de Verdun *(Of)*, d'Albiès *(Remaury)*, de Bouan *(Maury)*, de Larnat *Carcassonne',* de Larcat *(Cassé)*, d'Aston *(sans titulaire)*, d'Axiat *(Pont)*, d'Unac *(Surre)*, de Vèbre et Urs *(Jutgé)*, de Garanou *(Antoine Astrié)*, de Luzénac *(Teynier)*, de Lordat et Appy *(sans titulaire)*, de Caussou et Sabonat *(Audoubert)*.

(2) C'est du marquis de Gudanes, ancien commandant dans la province de Foix, que l'auteur de la *Relation* veut parler. C'était un fort bon homme, loyal, généreux jusqu'à la prodigalité, mais très glorieux. Au titre pompeux de *roi des Pyrénées* ses amis ajoutèrent celui de *doyen de la noblesse toulousaine.* Sur ce personnage, voir Duclos : *Hist. des Ariégeois,* passim, et de Castéras : *La Société Toulousaine au XVIIIe siècle,* Toulouse, *Privat,* 1891, p. 63, 77 et 79.

vie, et les malades trouvent très souvent dans ces eaux minérales la guérison de leurs maux, surtout des rhumatismes et des maladies de la peau. Les bains y sont très propres, et on prodigue aux étrangers tout ce qui peut contribuer à leur guérison.

Il s'est fait depuis peu de temps dans cette ville la découverte de nouvelles sources, et un particulier de cette ville, un chirurgien de profession, y a construit de nouveaux établissements pour des bains, qui, placés à une autre extrêmité de la ville, procurent aux étrangers la liberté de choisir ceux qui sont les [plus] près de leur logement, les uns et les autres ayant les mêmes propriétés.

Mgr l'Archevêque reçut, pendant son séjour dans cette ville, la lettre de Sa Magesté impériale aux archevêques et évêques de France par laquelle ce grand conquérant lui demande de faire rendre des actions à Dieu pour la prise de Dantzig en invitant toutes les autorités constituées (en effet elles furent invitées par le préfet) à assister à cette cérémonie. Mgr se rendit le dimanche, à midi précis, à l'église, étant accompagné de toute la garde nationale, on y entonna le *Te Deum*, et après avoir séjourné quatre jours dans cette ville, où il administra le sacrement de confirmation aux habitants d'Ax et de Quérigut (1) se portant à plus de 2000 personnes, Sa Grandeur se rendit à *Foix*, chef-lieu du département.

Avant de parler de cette ancienne ville, ancienne province, pays d'Etats, comté, il est bon de faire observer que le canton de *Quérigut* renferme une très petite population, que les habitants de cette contrée sont comme entièrement séparés des habitants du département de l'Ariège, qu'ils sont enfermés de toutes parts dans les montagnes des Pyrénées, qu'ils sont pendant près de cinq mois de l'année sans pouvoir avoir aucune communication avec le reste des habitants de ce département, et que pour sortir de chez eux, ils sont obligés de traverser des cols de montagnes qu'ils appellent *ports* et [des] courant[s] de neige, d'où il est facile de croire que ce canton conviendrait beaucoup mieux au département de l'Aude.

Sur la route d'Ax à Tarascon, Mgr l'Archevêque s'arrêta au village

(1) A Ax — *Cussol, curé* — furent convoquées, le 21 : les paroisses de Savignac (*Abat*), de Perles et Castelet (*Astrié*); le 22 : d'Orgeix (*Soulé*), de Sorgeat et Ignaux (*sans titulaire*), d'Orlu (*Olive*), d'Ascou (*Séré*); le 23 : de Prades (*Arabeyre*), de Montaillou (*Carbonne*), de Vaychis et Tignac (*sans titulaire*), de Mérens (*Sicre*); le 25 : de Quérigut (*Fonds*), de Carcanières (*Loubet*), d'Artigues (*Laya*), de Rouze (*sans titulaire*), de Mijanés (*Utéza*).

d'*Ussat* et y examina avec soin les bains minéraux qui y sont établis. Les malades qui s'y rendent sont logés tous dans la même maison et mangent en commun. Ces eaux sont très salutaires pour les rhumatismes et les maladies de nerfs. L'entrepreneur désirerait obtenir du gouvernement la propriété de ces bains pour pouvoir dans la suite former de nouveaux établissements où les malades y trouveraient beaucoup de commodités.

Après avoir visité cet établissement et en avoir parcouru et les bâtiments et les dehors, Mgr l'Archevêque prit la route de Foix, où il arriva vers les sept heures du soir (1) au milieu des acclamations et des marques d'allégresse de tout un peuple véritablement empressé de le recevoir et de lui témoigner tout le plaisir qu'il ressentait de sa visite.

Sa Grandeur fut conduite à l'église après avoir été haranguée par le curé de la paroisse à la tête de son clergé et précédé d'une musique guerrière qui joua pendant tout le trajet. Le prélat, ayant fait sa prière devant le Saint Sacrement, visita l'église paroissiale de Saint-Volusien dans toutes ses parties, en admira l'ordre, la décence et les grandes réparations qui s'y sont faites, contraste frappant de ce qu'était cet édifice, il y a cinq ans, lorsque pour la première fois Mgr parut dans le département de l'Ariège (2).

Sa Grandeur fit l'éloge du zèle des paroissiens, de la charité du pasteur et de l'édification du clergé. Ensuite, Mgr l'Archevêque se retira dans la maison qui lui était destinée ; tout le peuple l'y accompagna, lui renouvelant toutes les démonstrations de respect, d'attachement et de soumission qu'il venait de lui donner à son arrivée.

M. le Préfet, le Secrétaire général et toutes les autorités constituées tant militaires, judiciaires que civiles se rendirent auprès de Mgr l'Archevêque en lui portant les vœux de leur cœur ; ils l'assurèrent de nouveau de tout le plaisir que faisait sa visite pastorale.

Mgr l'Archevêque, pendant son séjour à Foix, donna la confirma-

---

(1) Le 26 juin.

(2) Primat était venu à Foix en septembre 1802, pour s'occuper, de concert avec le préfet Brun, du « rapprochement des esprits » et « du rétablissement de la paix religieuse ». Le 2 vendémiaire an 11 [25 septembre 1802], avant de quitter le chef-lieu, il adressa au clergé et aux fidèles de l'Ariège une ordonnance dans laquelle, entre autres articles, il prescrivait de chanter une messe solennelle, à Saint-Volusien, « en actions de grâces de la réunion de tous les prêtres de cette partie de son diocèse ».

tion à plus de 3.000 âmes (1). Il visita aussi, pendant ce temps-là, une ancienne habitation de campagne des ci-devants chanoines réguliers de la Congrégation de France, connus sous le nom de Genovéfains, occupant l'abbaye de Saint-Volusien, à une petite demi-lieue de la ville, nommée Notre-Dame de Montgauzy (2). Il y fut accompagné par M. le Préfet et nombre de propriétaires honnêtes de cette ville.

Arrivé sur l'éminence où est placée cette habitation, Mgr l'Archevêque ne put s'empêcher de témoigner son chagrin en voyant une église dont les ruines annonçaient encore sa grandeur passée. Il manifesta alors son désir de faire l'acquisition de ce local pour en former une maison de missionnaires, où on recevrait des prêtres âgés, et où on établirait un petit Séminaire pour disposer les jeunes gens à entrer au grand Séminaire pour y prendre les ordres. Cette nouvelle fut reçue avec la plus vive satisfaction par tous les habitants de Foix.

Les meilleures maisons de la ville s'empressèrent de visiter Mgr l'Archevêque pendant son séjour à Foix. Plusieurs d'entre eux se firent un honneur de lui donner à dîner. Sa Grandeur se rendit, le jour de son départ, à l'invitation qui lui fut faite d'aller visiter l'hôpital. Après y avoir entendu la messe, Mgr donna la tonsure à 5 ou 6 jeunes gens que M. le Curé lui présenta, et après avoir dîné à la préfecture, il partit pour *La Bastide-de-Sérou* où il arriva le 3o juin au soir. Sa Grandeur y confirma 14 à 15oo personnes (3) et en repartit le 3 juillet pour se rendre à *Saint-Girons*, chef-lieu d'arrondissement.

Cette ville, la seconde de l'ancien diocèse du Couserans, témoigna d'une manière bien sensible à Mgr l'Archevêque la joie qu'elle ressentait de posséder dans son sein le premier pasteur du diocèse. La

(1) A Foix — *Amilhat curé* — furent convoquées, le 27 : les paroisses de Vernajoul *(Pérès)*, de Montoulieu *(sans titulaire)*, de Montgaillard *(Alavau)*, de Prayols *(Ferriol)*, de Saint-Jean-de-Verges *(Chambrière)* ; le 28 : de Ganac *(Dauriol cadet)*, de Serres *(Géraud)*, de Baulou *(Séguéla)*, de Brassac *(Laville oncle)*, du Bosc *(Laville neveu)*, de Saint-Pierre *(Aragon)*, de Saint-Martin-de-Caralp *(Nadousse)*, de Freychenet *(Broué)*, de Saint-Paul-de-Jarrat *(Pagès)*, de Celles *(Figard)*, d'Arabaux *(Darou)*, de l'Herm *(Dauriol ainé)*, de Villeneuve-du-Bosc *(Piquemal)*, de Pradières *(Courrège)*.

(2) On sait que l'ancien couvent de Montgauzy est devenu, en 1844, l'école normale d'instituteurs ; sur l'emplacement de l'ancienne chapelle fut édifiée, de 1850 à 1853, l'église actuelle depuis plusieurs années déjà désaffectée.

(3) A La Bastide-de-Sérou — *Soum curé* — furent convoquées, le 1er et le 2 juillet, les paroisses d'Allières *(Faur)*, de Montseron *(Dégeilh)*, d'Aron *(Ité)*, de Brouzenac *(Bordes)*, d'Aïgues-Juntes *(Dutap)*, de Cadarcet *(Boé)*, de Montels et Unjat *(Pouzolle)*, de Sentenac *(Peytou cadet)*, de Montagagne *(Peytou ainé)*, d'Alzen *(Darrien)*, d'Esplas *(Cours)*.

jeunesse et la gendarmerie à cheval vinrent au-devant de Sa Grandeur et lui portèrent les vœux de toute la ville. A quelques pas de là se trouva la garde nationale à pied ; Mgr l'Archevêque fut conduit, au milieu des acclamations du peuple, au bruit d'une musique guerrière, dans la maison où il devait prendre les habits pontificaux. Et un instant après, M. Poudelay, curé de Saint-Girons, accompagné d'un nombreux clergé, vint prendre Sa Grandeur et la conduisit à l'église où, après avoir fait les prières accoutumées et la visite de l'église qu'elle trouva en bon état, Mgr l'Archevêque se rendit à la maison qui lui avait été préparée. Ce fut là où toutes les autorités constituées vinrent, les unes après les autres, complimenter Sa Grandeur et se féliciter, en lui présentant leurs hommages, de la joie de la voir au milieu d'elles.

Ces démonstrations d'un respectueux attachement ne furent pas illusoires, car Mgr s'aperçut, pendant tout le séjour qu'il fit dans cette ville, du plaisir qu'il faisait à tout le monde qui lui témoigna de la manière la plus sensible le regret que l'on avait de lui voir faire un si court séjour.

Effectivement, après avoir passé deux jours dans cette ville et y avoir donné la confirmation à près de 2.000 âmes (1), et avoir entonné lui-même le *Te Deum* qui fut chanté en actions de grâces pour la prise de Dantzig, Mgr se rendit, le 6 juillet, dans la ville de *Saint-Lizier*.

Mais malgré les bornes que l'on s'est prescrit dans une relation il y a des traits que l'on ne peut omettre sans manquer à celui qu'ils honorent. Au milieu des marques de joie et de bienveillance auxquelles se livraient les habitants de Saint-Girons, on aperçut encore quelques restes d'inimitié qui prenait sa source dans la différence des opinions religieuses. Le clergé était voilé, les fidèles prenaient parti pour les uns contre les autres et on ne fut pas longtemps à s'apercevoir d'une fermentation qui régnait dans tous les différents esprits.

C'était une douleur pour Mgr l'Archevêque d'être au milieu de mille sujets de mécontentement qu'il avait éprouvés. Il fallait couper

---

(1) Le 4 et 5 juillet, furent convoquées, à Saint-Girons, les paroisses de Saint-Valier (*Saurat neveu*), de Rimont (*Debuc*), de Castelnau-Durban (*Ferrand*), de Lescure (*sans titulaire*), d'Alos (*Jauzas*), de Lacourt (*Vidal*), de Lédar (*Frèche*), d'Eycheil (*Bardies*), d'Aubert (*Boé*), de Luzénac (*Cassé*), de Pouech (*Coujou*), de Moulis (*Durau*).

le mal dans sa racine. Sa Grandeur en sentait cette nécessité, et usa avec sagesse de son autorité pour en arrêter le cours.

Après s'être fait rendre compte de ce qui se passait soit par les curés des paroisses, soit par les ecclésiastiques respectables de cette ville, soit même par les différentes autorités, Mgr pesa le tout au poids du sanctuaire ; il s'entoura de ses vicaires généraux ; il invita des ecclésiastiques recommandables par leur piété et leur science à se rendre auprès de lui ; il appela enfin un des ecclésiastiques qui était la pierre de scandale ; la douceur et la candeur étaient peintes sur son visage ; tout le monde avait les yeux sur lui ; les enfants de la ville y ayant occupé les premières places ecclésiastiques, tout le monde regrettait de le voir si opiniâtrément attaché à ses idées, mais tout plia devant Mgr l'Archevêque qui apporta cet esprit de paix et de conciliation qui l'accompagne partout et qui ne l'abandonna pas dans ce moment. Il y joignit une grande fermeté, et après avoir imploré avec les assistants les lumières du Saint Esprit, il annonça à cet ecclésiastique le motif de cette assemblée et que son intention était qu'elle ne se séparât qu'après avoir obéi à l'Eglise, s'être soumis à son chef et être dans les vues du gouvernement. Il lui présenta en effet une déclaration formelle et expresse par laquelle il annonçait se soumettre à toutes les décisions du Saint Siège relatives aux affaires religieuses de France survenues depuis 1790.

La sagesse qui règle toute la conduite de Mgr l'Archevêque employée si adroitement dans ce moment, fit baisser la tête à cet ecclésiastique dont toute la réponse, à l'exemple de son premier supérieur, fut le plus grand acte de soumission à toutes les lois de l'Eglise, il se jeta à ses pieds et en recevant sa bénédiction pontificale il en reçut aussi l'absolution des censures que le pape Pie VI avait lancées contre tous ceux qui avaient eu le malheur de prêter le serment de la constitution c vile du clergé (1).

A peine cette nouvelle fut-elle portée dans la ville que la joie s'y manifesta davantage ; et la plus grande marque de reconnaissance que

---

(1) Aucun document ne nous permet de dévoiler le « constitutionnel opiniâtre ». S'agirait-il de Jean-Clair Pagès qui, sorti du couvent, devint curé de Saint-Girons sur le refus du prêtre Géraud, en 1792, puis, sous le Directoire, professeur à l'Ecole centrale de l'Ariège ? Peut-être ? Il reprit la vie ecclésiastique vers cette époque. L'Abbé Duclos (*Histoire des Ariégeois*, t. VI, p. 367) nous apprend qu'il publia une brochure foudroyante et prit part à une discussion où l'archevêque Primat était intéressé.

témoigna dans ce moment la ville de Saint-Girons fut le silence le plus profond sur ce qui s'était passé antérieurement. Tous les partis se confondirent ; il n'y eut plus qu'un esprit et un cœur et des ecclésiastiques qui avant paraissaient se fuir donnent aujourd'hui l'exemple de la plus grande union.

C'est après un pareil spectacle bien fait pour attendrir un cœur sensible, que Mgr l'Archevêque se rendit à Saint-Lizier où il donna la confirmation à plus de 900 personnes (1).

La nouvelle de ce qui s'était passé à Saint-Girons fut bientôt répandue dans tout cet arrondissement et partout les prêtres et les peuples ne cessaient de combler Mgr l'Archevêque de bénédictions.

Pendant son séjour à Saint-Lizier, Mgr l'Archevêque parcourut tout ce qui restait encore de grandes propriétés dans cette ville qui, depuis la suppression de l'évêché et du chapitre, ressemblait à peine à un petit bourg. L'après-dîner, Sa Grandeur, accompagnée de la garde nationale, au bruit d'une musique guerrière, entourée d'un grand nombre d'ecclésiastiques et de ce qu'il y avait de plus remarquable parmi les habitants de Saint-Lizier, fut visiter l'ancien palais épiscopal.

Cet édifice abandonné présente encore un fort beau coup d'œil. Situé sur le penchant d'une colline, d'où on découvre le plus beau pays de la nature variée dans tous ses points, l'œil se promène sur de très jolis vallons aussi riches que fertiles.

C'est dans cet édifice, où l'on retrouve encore l'ancienne cathédrale, où Mgr l'Archevêque témoigna le désir d'établir un séminaire pour la partie de son diocèse qui ne peut se rendre à Toulouse. Toutes les autorités locales et administratives s'empressèrent d'applanir toutes les difficultés qui pourraient se rencontrer pour obtenir ce bâtiment. Sa Grandeur leur a promis de faire de son côté tout ce qui dépendrait d'elle pour mettre son projet à exécution.

Le lendemain, après avoir donné la confirmation dans cette ville à près de 1.400 personnes (2), Mgr l'Archevêque se mit en route pour

---

(1) Le 6 juillet, à Saint-Lizier — *Roudeille curé*, — furent couvoquées les paroisses de Montjoie *(Dubau)*, de Lara (*Déga*), de Baliard (*Salva*), de Montesquieu-Avantès (*Soum*), de Gajan (*Saurat*), de Taurignan-Vieux (*Domenc*), de Taurignan-Castet (*Amans*), de Montégut (*Gradit*). Le 7, s'y rendirent celles de Cazavet (*Péguilham*), de Montgauch (*Lafont*), de Prat et Mauvesin-de-Prat (*Monnereau*), de Bonrepaux (*Picard*), de Betchat (*Gaillard*), de La Bastide-de-Salat (*Galy-Pradal*), de Caumont (*Rogale*), de Sentaraille (*Jougla*), de Lacave (*Caubet*), de Lacourt (*Vidal*), de Riverenert (*Caubet*).

(2) Plus haut on dit 900.

se rendre à *Castillon* en traversant les différentes vallées qui y conduisent. Mgr ne pouvait jamais se lasser de les admirer et ne pouvait concevoir comment on pouvait trouver un aussi joli pays au milieu des montagnes et dans le cœur des Pyrénées où on trouvait tant d'objets variés et qui réunissait sur son sol les productions de tous les pays ensemble. Pendant plus de deux heures, Mgr voyagea dans un véritable jardin baigné par les eaux d'une rivière appelée le *Lez* qu'il côtoya jusques à Castillon.

A l'entrée de la juridiction de cette vallée, Mgr l'Archevêque fut accueilli par le maire de Castillon accompagné de tous les maires du canton. Sa Grandeur s'arrêta un moment pour contempler le pays et notamment le pont sur le Lez, dans la commune d'Engomer, que l'on venait de réparer à raison de son arrivée.

Ce pont offrait depuis longtemps de véritables dangers pour les voyageurs et plusieurs même y avaient trouvé la mort. A la première nouvelle de l'arrivée de Mgr l'Archevêque, les maires de la vallée se donnèrent des mouvements auprès de M. le Préfet de l'Ariège pour obtenir son autorisation et y faire les réparations nécessaires. Ce magistrat chargea spécialement M. le maire de Castillon de cette opération qui eut grand soin, en élargissant le pont, d'y faire placer des garde-fous qui n'y étaient pas. Mgr l'Archevêque fut entièrement enchanté de la naïveté de ce bon maire à ce sujet.

Mgr quitta Castillon le 9 (1) pour venir coucher à Saint-Girons en emportant et les regrets et les bénédictions de toutes ces bonnes gens qui lui témoignèrent continuellement leur reconnaissance d'être venu les visiter et leur avoir procuré les réparations du chemin qu'ils sollicitaient depuis si longtemps.

L'arrivée de Mgr l'Archevêque fut imprévue à Saint-Girons ; elle ne devait être que le 10 au matin. Quelle fut sa surprise lorsque, en arrivant à l'entrée de Saint-Girons où il n'était pas attendu, il vit toute la ville illuminée !

---

(1) A Castillon — *Garié curé*, — Primat confirma, le 8 et le 9 juillet, 2.200 personnes. S'y présentèrent les paroisses d'Alas (*Dat*), d'Arrout (*Agert*), de Salsein (*Liqué*), de Bordes-sur-Lez (*Gensé*), de Buzan (*Gailhard*), de Villeneuve (*Bareille*), d'Engomer (*Pons*), de Balagué (*Peyrevidal*), de Luzénac (*Cassé*), d'Arrien (*B. Bastand*, [on porte aussi *Piquemal*], d'Ayet (*Gaston*), de Saint-Lary (*Lagoutte*), d'Orgibet (*sans titulaire*), d'Augistrou (*Barbe*), de Sentein (*Maurette*), de Bonac (*Paris*), d'Augirein (*Delort*), de Galey (*sans titulaire*), d'Antras (*Cau*), d'Aucazein (*Tap*), d'Illartein (*Darrou*). — Cf. le compte rendu paru dans le *Journal de la Haute-Garonne* du 26 juillet 1807.

Sa Grandeur témoigna à M. le Sous-Préfet qui l'accompagnait toute sa reconnaissance et le pria de vouloir bien être l'interprète de ses sentiments auprès des bons habitants de Saint-Girons.

Le 10, Mgr l'Archevêque partit pour se rendre à *Oust*. Ce voyage fut extrêmement pénible pour Sa Grandeur, ayant été obligée de le faire à cheval.

Oust, chef-lieu du canton, dont les habitants ont l'idée de croire que cette ville a été bâtie par Auguste, est un gros bourg qui ne laisse aucune trace de sa prétendue antiquité. Elle est située dans une gorge de montagnes, sur le bord d'une rivière et n'offre rien d'extraordinaire à l'œil curieux du voyageur.

Mgr l'Archevêque y confirma à peu près 3.000 âmes (1) et avança son voyage pour *Massat* où il se rendit le 13, à neuf heures du matin. Son arrivée surprit non seulement tous les habitants de ces contrées, mais même les mortifia de ce que n'étant pas prévenus, ils ne purent rendre à Sa Grandeur tous les honneurs qu'ils auraient désiré. Mais Mgr dût voir par l'expression et les gestes de ces montagnards que l'on était fâché de ne lui pas exprimer, d'une manière sensible, le vif plaisir que l'on ressentait de le posséder parmi eux.

Massat est un bourg chef-lieu d'une commune de plus de douze lieues de circonférence ; soit [dans] la commune, soit [dans] le canton il y a une population de plus de 16.000 âmes.

Les habitants sont bons mais un peu sauvages. Il faut avant d'y arriver parcourir quatre lieues de gorges de montagnes, sur un chemin appuyé d'un côté à d'énormes rochers et de l'autre baigné par une rivière. Au milieu de ces gorges on croit être étranger à la nature elle-même. On ne trouve aucune habitation le long de la route. Mais quelle est la surprise du voyageur lorsque, sorti de ces gorges effrayantes, son œil s'arrête sur un vallon qui souvent, peu à peu, lui présente un pays très fertile, et au milieu de ce vallon paraissent quelques villages bien bâtis et assez bien habités.

L'église de Massat est un des plus beaux édifices de ce département.

---

(1) Le 11 et le 12 juillet, furent convoquées à Oust — *Rives curé* — les paroisses du Trein (*Raufast*), de Saint-Lizier d'Ustou (*Faur*), de Sérac (*Galy*), de Salau (*Anglade*), de Coutlens (*Faur*), d'Ercé (*Cours*), d'Aulus (*Fossat*), de Seix (*Brunet*), de Rogalle (*Bielle*), de Vic (*Papy*), de Soueix (*Morére*), de Sentenac (*Surre*). — Cf. le compte rendu paru dans le *Journal de la Haute-Garonne* du 19 juillet 1807.

Elle ne présente rien de curieux dans son architecture ordinaire, elle frappe néanmoins par son élévation et par l'étendue de son vaisseau.

4000 âmes environ se présentèrent pour recevoir la confirmation (1), et on s'aperçut pendant cette cérémonie que les habitants des montagnes étaient véritablement pénétrés de respect pour la religion et qu'ils conservaient la foi de leurs pères. Sous un extérieur grossier, ils cachent un esprit fin et subtil pour tout ce qui est affaire d'intérêts ; ils savent fort bien les discuter, ce qui fait que l'industrie règne assez dans ces montagnes.

Leur nourriture est très commune. Plusieurs d'entre eux mangent très rarement du pain ; ils se nourrissent de pommes de terre et de lait ; ils partagent aussi dans ces montagnes leurs habitations avec les animaux immondes avec lesquels ils logent pêle-mêle, ce qui les rend en général assez mal propres.

Mgr l'Archevêque revint ensuite à Saint-Girons, préférant d'y aller plutôt en voiture qu'à cheval, malgré les dangers qu'offre le chemin où, dans certains endroits, une voiture étroite peut à peine passer. Malgré ces dangers, Mgr l'Archevêque arriva le 15 au soir en cette ville, au milieu de mille bénédictions du peuple, des cris d'allégresse et au son des cloches de toute la ville.

Après avoir passé le 15 à Saint-Girons, y avoir donné ce jour-là la confirmation à quelques personnes et la tonsure à trois jeunes élèves, Mgr prit la route du *Mas-d'Azil* où il arriva le 17.

Un détachement de la garde nationale à pied et à cheval vint au devant de Mgr l'Archevêque ; et à une demi-lieue de là, Sa Grandeur fut accueillie par la municipalité qui était montée en voiture pour aller à sa rencontre.

La ville du Mas est habitée par un très grand nombre de protestants qui en forment la plus grande population. Ce sont même les plus riches propriétaires. Les trois officiers municipaux, y compris le maire, professent la religion catholique, mais la presque totalité du conseil municipal est de la religion prétendue réformée. Néanmoins tous s'empressèrent de venir rendre leurs devoirs à Mgr l'Archevêque qui, après avoir entendu le compliment de la municipalité, fut aussi

---

(1) A Massat — *Brunet-Roland curé* — furent convoquées les paroisses de Biert (*Dégeilh*), du Port (*Vidal*), de Rieuprégon (*Servat*), de Saint-Pierre-de-Soulan (*Carrère*), du Castet-d'Aleu (*Philouse*), d'Aleu (*Géraud*).

complimenté par un autre membre du conseil municipal professant la religion protestante. Nous sommes fâché que les bornes d'une relation ne nous permettent point de rapporter ce compliment.

Il y a dans cette ville une église consistoriale. Le culte extérieur de la religion n'y est point exercé hors de l'enceinte de l'église. Dans cette circonstance cependant Mgr l'Archevêque a traversé la ville avec tous les signes extérieurs de religion. Il s'y est fait une procession en allant visiter le cimetière. Les catholiques ont vu cette cérémonie avec des larmes de joie et les protestants avec étonnement et respect.

Malgré le petit nombre de catholiques et la disette des prêtres qui manquent dans les différentes succursales du canton, il y eut 1680 personnes qui se présentèrent au sacrement de confirmation (1). Plusieurs protestants assistèrent à cette cérémonie.

Pendant tout le séjour que fit Mgr dans cette ville, les protestants comme les catholiques s'empressèrent de venir lui faire leur cour. M. le Maire (2), chez qui était logé Mgr l'Archevêque, donna à dîner aux uns et aux autres.

Mgr l'Archevêque se rendit à Foix où il séjourna de nouveau vingt-quatre heures, le Préfet en était absent; et le 23 Mgr se rendit à *Varilhes*, petite ville sur la route de Foix à Pamiers où il donna la confirmation à 288 personnes (3) et repartit le soir pour se rendre chez M. de Cazals, à Canté, qui l'y attendait.

Le lendemain 24, Mgr l'Archevêque rentra dans le département de la Haute-Garonne et donna la confirmation à *Cintegabelle* à plus de 1.800 personnes et repartit le soir pour se rendre à *Auterive* où il confirma 1.488 personnes dans la matinée du 25. Ce fut dans cette ville que Mgr l'Archevêque mit fin à ses travaux apostoliques. Il eut la consolation de les terminer en rappelant plusieurs ecclésiastiques à leurs devoirs, leur représentant les véritables principes qu'ils de-

(1) Au Mas-d'Azil — *Prévost curé* — Primat confirma des paroissiens de Daumazan (*Destampes*), de Fornex et Thouars *(Chourre)*, de Castex *(Boué)*, de Méras et Loubaut *(Piquemal)*, de Sabarat et des Bordes-sur-Arize *(sans titulaire)*, de Campagne (*Géraud*), de Camarade *(Bazy)*, de Gabre (*Delort D'Astien*), de Tourniac et Ménais *(Milhaceau)*.

(2) Le maire du Mas-d'Azil était Jean-Baptiste-César de Falentin de Saintenac qui devint député de l'Ariège sous la Restauration.

(3) A Varilhes — *Cassaing curé* — furent convoquées les paroisses de Saint-Félix-de-Rieutort et Coussa (*Remaury*), de Ségura *(Baurès)*, de Malléon (*Séverin Calvet*), de Vira et Calzan (*Bailhade*), de Dalou (*Dardigna*), de Gudas *(Piquemal)*, de Rieux *(Galy-Debant)*, d'Artix (*Soum)*, de Loubens (*Dossat*), de Crampagna *(sans titulaire)*, de Montégut *(Pujoet)*.

vaient suivre. Le résultat de cette dernière conférence fut de rétablir la paix dans un canton où plusieurs desservants s'étaient éloigné des ecclésiastiques édifiants. A la voix de Mgr l'Archevêque tout rentra dans l'ordre. L'union et la concorde furent rétablies, et depuis cette époque les prêtres et les peuples s'édifient mutuellement par des actes de charité réciproque.

Ce fut après deux mois de peines et de fatigues, mais qui paraissaient bien légères à Sa Grandeur, vu les grandes consolations qu'Elle avait éprouvées pendant ce voyage, et aux ecclésiastiques qui l'avaient accompagnée, qu'Elle rentra à *Toulouse*. Et le lendemain Mgr l'Archevêque reçut les visites et les compliments de toutes les autorités et d'un grand nombre de particuliers honnêtes de cette ville.

Foix, imp. Pomiès. — Fra et Cie, successeurs.